It's TEA TIME!

tendances Larousse gourmandes

SOMMAIRE

PRÉPARER DES MERINGUES

PRÉPARATION : 10 MIN

blancs d'œufs
sucre en poudre
(proportions selon la recette)

Ces recettes vous serviront pour la charlotte meringuée à la rhubarbe p. 30, le tiramisu blanc aux litchis p. 32, les petites meringues pistache-framboise façon cupcakes p. 41 et le gâteau de meringue aux pêches, chantilly au thé p. 70.

Meringue française

• Dans un saladier, fouettez les blancs d'œufs en neige ferme au batteur électrique, puis ajoutez le sucre petit à petit jusqu'à obtenir une meringue lisse et brillante. C'est la meringue la plus simple. Elle s'utilise toujours cuite.

Meringue suisse

• Dans une casserole, faites chauffer de l'eau pour un bain-marie.

• Mélangez rapidement les blancs d'œufs et le sucre dans un cul-de-poule en métal (ou un saladier en verre). Placez-le sur l'eau frémissante et fouettez les blancs au batteur électrique jusqu'à obtenir une meringue tiède et bien brillante.

• Retirez le cul-de-poule de la casserole et continuez à fouetter jusqu'à ce que la meringue refroidisse et devienne bien serrée et lisse.

• Plus brillante et moins cassante que la meringue française, elle s'utilise cuite. Elle peut aussi constituer un glaçage pour gâteaux. Une fois appliquée, elle se fait dorer au chalumeau ou sous le gril du four.

Il existe trois façons de réaliser une meringue et chacune possède son usage propre. Toutes demandent une cuisson assez longue et douce ; d'ailleurs, il s'agit davantage d'un séchage que d'une cuisson. C'est pourquoi nous vous recommandons de préparer et de cuire toutes les bases meringuées à l'avance.

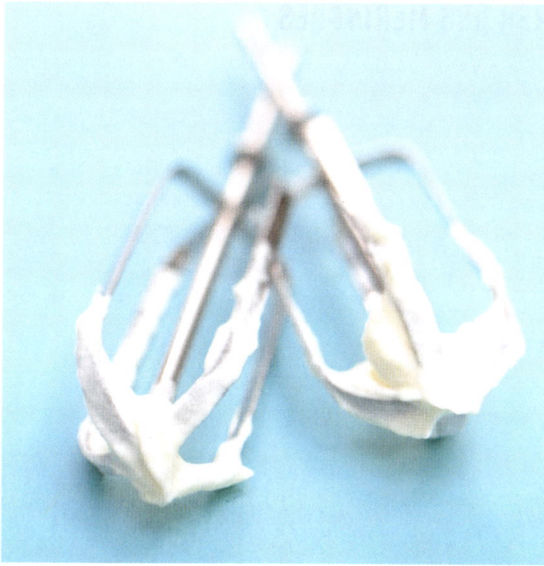

POUR
25 petits-beurre

PRÉPARATION : 20 MIN
REPOS : 3 H 20
CUISSON : 12 MIN

100 g de sucre cristal
100 g de beurre demi-sel
7 cl d'eau
1 pincée de sel
250 g de farine
2 cuill. à café
de levure chimique

RÉALISER DES PETITS-BEURRE

Cette préparation de base vous servira pour les petites tartes au citron meringuées p. 49, les mini-gâteaux croustillants aux marshmallows p. 57 et les petits-beurre à la mousse de groseilles p. 67.

• Dans une casserole, portez le sucre, le beurre, l'eau et le sel à ébullition sur feu doux. Quand le beurre est fondu, éteignez le feu et laissez reposer pendant 20 minutes en mélangeant fréquemment.

• Dans un saladier, mélangez la farine et la levure. Ajoutez le liquide refroidi. Travaillez la pâte à l'aide d'une cuillère en bois, puis à la main. La pâte obtenue doit être homogène. Elle doit se tenir mais être assez molle.

• Enveloppez la pâte dans du film alimentaire et placez-la au frais pendant au moins 3 heures.

• Préchauffez le four à 180 °C (therm. 6). Étalez finement la pâte à l'aide d'un rouleau à pâtisserie.

• Découpez les petits-beurre à l'aide d'un emporte-pièce spécifique ou avec un couteau.

• Déposez les petits-beurre sur une plaque à pâtisserie recouverte de papier sulfurisé. Enfournez pour 12 minutes environ jusqu'à ce que les petits-beurre soient bien dorés sur les bords et, si possible, plus blancs au centre. À la sortie du four, laissez les petits-beurre refroidir sur une grille avant de déguster.

Cette recette se suffit à elle-même, tant les petits-beurre sont bons à croquer avec un thé.

POUR
24 mini choux ou 4 religieuses

PRÉPARATION : 15 MIN

10 cl d'eau
1,5 g de sel
3 g de sucre en poudre
30 g de beurre
60 g de farine tamisée
2 œufs battus

PRÉPARER DE LA PÂTE À CHOUX

Cette recette vous servira pour les mini-choux à la chantilly p. 28 et les religieuses tricolores p. 60.

• Dans une casserole, faites bouillir l'eau avec le sel, le sucre et le beurre. Lorsque le mélange bout et que le beurre est parfaitement fondu, versez la farine en une seule fois en remuant vivement avec une spatule en bois.

• Faites dessécher la pâte sur le feu pendant 2 minutes en la remuant énergiquement. Puis, hors du feu, incorporez les œufs un par un jusqu'à ce que la pâte ait tout absorbé.

• Au final, la pâte à choux doit être lisse et brillante, un peu molle, sans être liquide, et doit se détacher des parois de la casserole. À l'aide d'une poche à douille ou d'une cuillère, dressez alors les choux selon la forme et la taille indiquées dans la recette.

La recette de la pâte à choux fait partie de ces recettes très anciennes qui, aujourd'hui encore, sont présentes sous de multiples formes. Elle aurait été créée en Italie et importée en France par Catherine de Médicis au quinzième siècle.

POUR
6 à 8 cupcakes

CUPCAKES
fraise-chantilly

PRÉPARATION : 35 MIN
CUISSON : 15 MIN

1 gousse de vanille
2 œufs
60 g de sucre en poudre
50 g de farine
15 g de fécule de maïs
150 g de fraises

Pour le topping
4 fraises
25 cl de crème fraîche liquide entière très froide
50 g de sucre en poudre
cœurs en sucre

• Préchauffez le four à 180 °C (therm. 6).

• Fendez la gousse de vanille, puis grattez-en les graines. Dans un saladier placé au bain-marie, fouettez les œufs avec le sucre et les graines de vanille, jusqu'à atteindre 45 °C – aidez-vous d'un thermomètre de cuisine. Hors du feu, continuez de battre la préparation au batteur jusqu'à complet refroidissement – elle aura alors triplé de volume. Incorporez la farine et la fécule de maïs en pluie.

• Lavez les fraises, puis équeutez-les et coupez-les en petits dés. Remplissez les moules aux trois quarts avec la pâte, puis répartissez les dés de fraises. Enfournez pour 15 minutes jusqu'à ce que les gâteaux soient dorés.

• Préparez le topping. Taillez les fraises en fines lamelles.

• À l'aide d'un batteur, fouettez la crème liquide en chantilly. Lorsqu'elle commence à prendre, ajoutez le sucre en pluie tout en battant, jusqu'à ce qu'elle soit bien ferme.

• Remplissez une poche à douille de chantilly, puis déposez une volute de crème sur les cupcakes. Disposez joliment les lamelles de fraise, ainsi que des cœurs en sucre.

Si vous voulez parfumer la chantilly, ajoutez à la crème liquide 1 cuillerée à café d'extrait de vanille.

POUR
10 à 12 crumpets

PRÉPARATION : 10 MIN
CUISSON : 5 MIN PAR CRUMPET
REPOS : 1 H

250 g de farine
1 cuill. à café rase de sel
15 cl de lait
20 cl d'eau
7 g de levure de boulanger déshydratée
beurre

CRUMPETS

• Versez la farine et le sel dans un saladier.

• Versez le lait et l'eau dans un bol et faites-les tiédir très légèrement au micro-ondes. Diluez la levure dans le liquide tiède, puis incorporez ce mélange petit à petit à la farine en fouettant vigoureusement pendant au moins 2 minutes. La pâte doit être très élastique, voire collante. Laissez-la lever pendant au moins 1 heure et ne la mélangez plus.

• Beurrez un cercle à pâtisserie d'environ 10 cm de diamètre, déposez-le sur une poêle légèrement beurrée. Quand la poêle est chaude, versez une petite louche de pâte dans le cercle, sur une épaisseur d'environ 1 cm, et laissez cuire tout doucement. Des bulles doivent se former à la surface du crumpet. Lorsque le dessus est sec, le crumpet est cuit. Enlevez alors le cercle à l'aide d'un torchon et retournez le crumpet. Laissez-le cuire encore 1 minute : il doit rester moelleux et ne pas se dessécher.

***Conseil :** Si vous ne mangez pas vos crumpets tout de suite, réchauffez-les au grille-pain, ils seront bien meilleurs !*

Le crumpet est un pancake épais et plein de trous. On le déguste souvent au petit-déjeuner. Arrosez-le de miel, de sirop d'érable ou tartinez-le de beurre...

POUR
8 à 10 mini-quatre-quarts

PRÉPARATION : 20 MIN
CUISSON : 15 À 20 MIN

2 œufs
120 g de beurre ramolli
120 g de sucre en poudre
1 sachet de sucre vanillé
120 g de farine de blé ou de froment
1/2 sachet de levure chimique
1 pincée de sel

QUATRE-QUARTS

• Préchauffez le four à 180 °C (therm. 6).

• Cassez les œufs en séparant les blancs des jaunes.

• Dans un grand saladier, fouettez le beurre avec le sucre en poudre jusqu'à ce que le mélange blanchisse. Ajoutez le sucre vanillé et les jaunes d'œufs, puis mélangez.

• Tamisez la farine, puis ajoutez-la dans le saladier, ainsi que la levure et le sel. Mélangez jusqu'à obtenir une pâte homogène.

• Fouettez les blancs d'œufs en neige, puis incorporez-les très délicatement à la pâte à l'aide d'une cuillère en bois.

• Beurrez et farinez des moules à mini-cakes – sauf s'ils sont en silicone. Répartissez-y la pâte, puis enfournez pour 15 à 20 minutes.

Classique entre les classiques, ce quatre-quarts est idéal pour le goûter des enfants comme pour le « tea time » des grands...

POUR
10 à 12 scones

SCONES
aux raisins

PRÉPARATION : 20 MIN
CUISSON : 10 MIN

225 g de farine à levure incorporée (ou 225 g de farine classique mélangée à 1 sachet de levure chimique)
1 cuill. à café rase de levure chimique
25 g de sucre en poudre
2 pincées de sel
75 g de beurre mou
50 g de raisins secs
1 œuf
5 cl de lait entier

Pour la dorure
1 œuf
2 cuill. à soupe de lait

• Préchauffez le four à 180 °C (therm. 6). Dans un saladier, tamisez la farine et la levure, puis ajoutez le sucre et le sel. Incorporez le beurre mou, puis malaxez le tout avec les doigts. La pâte doit être granuleuse. Ajoutez les raisins secs, l'œuf battu et les trois quarts du lait. Mélangez afin d'obtenir une boule. La pâte doit être souple mais pas collante, si c'est le cas, ajoutez un peu de farine. Si elle est trop sèche, ajoutez le lait restant.

• Farinez un plan de travail et étalez la pâte dessus à l'aide d'un rouleau à pâtisserie, ou avec la paume des mains, sur une épaisseur d'environ 2 cm. Découpez des disques d'environ 4 cm de diamètre à l'aide d'un emporte-pièce cannelé ou d'un verre. Disposez-les sur une plaque de cuisson antiadhésive ou recouverte de papier sulfurisé.

• Préparez la dorure. Mélangez l'œuf et le lait et, à l'aide d'un pinceau, badigeonnez-en les disques de pâte.

• Enfournez et faites cuire pendant environ 10 minutes, jusqu'à ce que les scones soient bien dorés et gonflés. Laissez-les tiédir et servez. Les scones se servent coupés en deux. Tartinez-les, selon votre goût, de beurre salé, de confiture ou de crème fouettée.

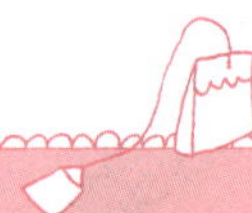

Servez les scones accompagnés d'une crème fouettée au sirop de violette. Pour cela, battez, à l'aide d'un fouet ou d'un batteur, 250 g de crème fraîche épaisse et ajoutez 4 cuillerées à soupe de sirop de violette.

POUR
6 à 8 pots de crème

PRÉPARATION : 20 MIN
CUISSON : 30 MIN
REPOS : 6 H

150 g de chocolat noir
15 cl de lait entier
25 cl de crème liquide
4 jaunes d'œufs
40 g de sucre en poudre

CRÈMES
au chocolat

• Préchauffez le four à 150 °C (therm. 5).

• Coupez le chocolat en petits morceaux à l'aide d'un couteau. Réservez. Faites chauffer le lait et la crème dans une casserole, à feu doux. Dès le début de l'ébullition, ajoutez petit à petit le chocolat en prenant soin de bien remuer. Vous devez obtenir un mélange parfaitement lisse.

• Dans une jatte, mélangez les jaunes d'œufs et le sucre à l'aide d'un fouet. Ajoutez cette préparation au chocolat et mélangez à nouveau.

• Disposez des petits pots en verre ou des ramequins en porcelaine dans un plat à gratin. Versez la crème chocolatée dans les petits pots jusqu'aux trois quarts de leur hauteur. Remplissez le plat à gratin d'eau bouillante : elle doit arriver à mi-hauteur des pots. Enfournez et faites cuire pendant 30 minutes.

• Retirez les petits pots du bain-marie et laissez-les refroidir, puis placez-les au frais pendant au moins 6 heures.

Préparez une crème à la vanille en remplaçant le chocolat par une gousse de vanille fendue en deux dans le sens de la longueur. Grattez les graines et incorporez-les au lait et à la crème.

LAIT FRAIS

CHEESECAKE
au citron

POUR
8 personnes

PRÉPARATION : 30 MIN
CUISSON : 1 H 15
REPOS : 4 H

Pour la pâte
250 g de biscuits sablés (type digestive biscuits, bastogne, spéculoos…)
60 g de beurre
25 g de sucre en poudre

Pour la garniture
600 g de fromage frais à tartiner (cream cheese Philadelphia®, fromage frais à tartiner)
350 g de sucre en poudre
4 cuill. à soupe de crème liquide
4 œufs entiers + 2 blancs
25 g de farine
le jus et le zeste râpé de 1 citron non-traité

• Préchauffez le four à 200 °C (therm. 6-7).

• Préparez la pâte. Écrasez les sablés à l'aide d'un rouleau à pâtisserie. Faites fondre le beurre au micro-ondes. Dans un saladier, mélangez les biscuits, le beurre et le sucre. Prenez un moule à charnières amovibles d'environ 28 cm de diamètre. Découpez un disque de papier sulfurisé de la taille du moule et posez-le sur le fond. Étalez la pâte à l'aide d'une cuillère dans le moule, en appuyant bien pour tasser la préparation. Vous devez obtenir une épaisseur régulière de 1 à 1,5 cm.

• Préparez la garniture. Dans un saladier, mélangez le fromage frais, le sucre et la crème liquide. Quand le mélange est devenu onctueux, ajoutez les 4 œufs entiers, la farine ainsi que le jus et le zeste du citron. Remuez à nouveau. Battez les blancs d'œufs en neige et incorporez-les au mélange. Versez cette préparation à base de cream cheese sur le fond de pâte.

• Enfournez et faites cuire 15 minutes. Éteignez ensuite le four en laissant le cheesecake continuer à cuire à l'intérieur pendant environ 1 heure. Placez-le au frais au moins 4 heures.

Conseil : Utilisez un moule à charnières amovibles, indispensable pour démouler et couper le gâteau et préparez-le la veille, il sera encore plus savoureux !

MADELEINES
aux abricots et noisettes grillées

POUR
4 personnes

PRÉPARATION : 15 MIN
CUISSON : 10 MIN

2 œufs
100 g de sucre en poudre
100 g de farine
1/2 cuill. à café
de levure chimique
75 g de beurre fondu
+ un peu pour les moules
8 à 10 abricots secs
80 g de noisettes
décortiquées

• Préchauffez le four à 180 °C (therm. 6). Beurrez les moules à madeleines (sauf s'il s'agit de moules en silicone).

• Dans une jatte, battez les œufs et le sucre jusqu'à obtention d'un mélange mousseux. Incorporez la farine et la levure en les tamisant.

• Dans une autre jatte, mélangez le beurre fondu avec 2 cuillerées à soupe d'eau. Réservez. Découpez en petits cubes les abricots secs et ajoutez-les au beurre chaud, ils seront ainsi plus moelleux.

• Faites griller les noisettes dans une petite poêle pendant 1 ou 2 minutes en les remuant pour éviter qu'elles ne brûlent. Hachez-les ensuite finement à l'aide d'un couteau.

• Incorporez le beurre aux abricots et les noisettes concassées à la première préparation, puis remuez. À l'aide d'une cuillère à soupe, remplissez de pâte les alvéoles du moule préalablement beurrées aux deux tiers de leur hauteur. Enfournez et faites cuire 10 minutes, jusqu'à ce que les madeleines aient une jolie teinte dorée.

Pour gagner du temps, préparez ces madeleines la veille. Vous pourrez même les conserver 2 ou 3 jours dans une boîte hermétique. N'hésitez pas à parfumer la pâte avec de l'eau de fleur d'oranger et à saupoudrer les madeleines de sucre glace.

POUR
6 personnes

PRÉPARATION : 25 MIN
REPOS : 35 MIN
CUISSON : 35 MIN

PUDDING
au beurre salé et cranberries

125 g de cranberries
3 cuill. à soupe de rhum ambré
15 cl de lait
3 cuill. à soupe d'amaretto
1 sachet de sucre vanillé
80 g de beurre salé aux cristaux de sel
1 pincée de cannelle
2 œufs
70 g de sucre de canne blond
10 tranches de pain de mie ou de brioche rassis

• Préchauffez le four à 180 °C (therm. 6). Faites tremper les cranberries dans un peu d'eau chaude, puis égouttez-les. Versez le rhum dans un bol, ajoutez les cranberries et laissez macérer pendant 20 minutes.

• Faites chauffer le lait avec l'amaretto et le sucre vanillé. Ajoutez le beurre et la cannelle.

• Dans une assiette creuse, battez les œufs avec le sucre de canne, puis versez le mélange dans le lait et ajoutez les cranberries.

• Dans un moule recouvert d'une feuille de papier sulfurisé, étalez la moitié des tranches de pain de mie, versez un tiers du mélange lait-œufs, ajoutez le pain restant, puis encore un tiers du mélange lait-œufs. Terminez en parsemant le pudding de cranberries et du tiers restant du mélange lait-œufs. Laissez reposer 15 minutes à température ambiante, puis enfournez pendant 30 minutes.

L'amaretto parfume très bien ce dessert mais vous pouvez le remplacer par du kirsh.

POUR
4 à 6 personnes

MINI-BREAD & BUTTER
sauce au Carambar®

PRÉPARATION : 25 MIN
CUISSON : 25 À 30 MIN
REPOS : 30 MIN

125 g de raisins de Corinthe
3 cuill. à soupe de whisky
15 cl de lait
1 sachet de sucre vanillé
80 g de beurre aux cristaux de sel
1 cuill. à soupe d'extrait naturel de vanille
1 pincée de cannelle
2 œufs
70 g de sucre en poudre blond
10 tranches de pain de mie ou de brioche rassis
100 g de noix de pécan
10 cl de crème fraîche liquide
15 Carambar®
1 pincée de sel

• Préchauffez le four à 180 °C (therm. 6). Faites tremper les raisins de Corinthe dans un peu d'eau chaude, puis égouttez-les. Versez 2 cuillerées à soupe de whisky dans un bol, ajoutez les raisins et laissez-les infuser 10 à 15 minutes. Égouttez-les.

• Faites chauffer le lait avec la cuillerée restante de wisky et le sucre vanillé. Ajoutez le beurre, l'extrait naturel de vanille et la cannelle. Dans un bol, battez les œufs avec le sucre, puis versez le mélange dans le lait et fouettez.

• Dans des petits moules individuels bien beurrés, étalez les tranches de pain de mie, versez une partie du mélange lait-œufs, ajoutez des raisins et recommencez l'opération. Terminez par des morceaux de noix de pécan et le reste du mélange lait-œufs. Laissez reposer 15 minutes, puis enfournez pendant 20 à 25 minutes.

• Pendant ce temps, faites chauffer la crème liquide dans une petite casserole. Lorsqu'elle est bien chaude, plongez-y les Carambar® un à un et mélangez pour les faire fondre. La crème doit être lisse et onctueuse. Lorsque les mini-bread sont cuits, sortez-les du four et servez-les sans attendre, après les avoir nappés de sauce au Carambar®.

MINI-CHOUX
à la chantilly

POUR
24 minichoux

PRÉPARATION : 30 MIN
CUISSON : 30 MIN

Pour la pâte à choux
(voir page 8)
10 cl d'eau
1,5 g de sel
3 g de sucre en poudre
30 g de beurre
60 g de farine tamisée
2 œufs battus

60 cl de crème liquide bien froide
40 g de sucre en poudre
2 sachets de sucre vanillé

• Préchauffez le four à 220 °C (therm. 7-8). Préparez la pâte à choux (voir recette p. 8). À l'aide d'une poche à douille lisse, dressez des choux bien réguliers sur une plaque recouverte de papier sulfurisé.

• Enfournez pour 15 minutes, puis baissez la température à 200 °C (therm. 6-7) et prolongez la cuisson 15 minutes jusqu'à ce que les choux soient dorés et légers. Laissez-les refroidir avant de les garnir.

• Pendant ce temps, montez la crème froide en chantilly à l'aide d'un batteur électrique. Lorsqu'elle commence à prendre, versez le sucre et le sucre vanillé et battez jusqu'à parfaite incorporation. Réservez au frais.

• Une fois les choux refroidis, coupez-les en deux et garnissez-les généreusement de chantilly à l'aide d'une poche à douille cannelée. Servez rapidement.

POUR
6 personnes

CHARLOTTE
meringuée à la rhubarbe

PRÉPARATION : 25 MIN
REPOS : 4 H 35
CUISSON : 3 H 35

1 kg de rhubarbe
300 g de sucre en poudre
1 gousse de vanille
8 feuilles de gélatine
60 cl de crème liquide très froide

Pour la meringue suisse
(voir page 4)
5 blancs d'œufs
250 g de sucre en poudre

Pour le sirop
1 gousse de vanille
5 cl d'eau
50 g de sucre en poudre

• Épluchez la rhubarbe et coupez-la en tronçons. Mettez-la dans un saladier, saupoudrez-la de sucre et laissez reposer 1 heure.

• Préchauffez le four à 100 °C (therm. 3-4).

• Préparez la meringue suisse (voir recette p. 4). Recouvrez une plaque à pâtisserie de papier sulfurisé. À l'aide d'une poche à douille cannelée, dressez des « bâtons » de meringue de 15 cm de long. Enfournez pour 3 heures de cuisson, puis laissez refroidir dans le four éteint, porte entrouverte.

• Égouttez la rhubarbe et placez-la dans une casserole avec la gousse de vanille fendue en deux. Faites cuire 20 minutes à feu doux, jusqu'à ce que la rhubarbe soit bien « compotée ». Mettez la gélatine à tremper dans un bol d'eau froide pendant 5 minutes. Égouttez-la et, hors du feu, incorporez-la à la rhubarbe. Laissez la compote refroidir. Fouettez la crème liquide en chantilly bien ferme. Réservez 3 cuillerées à soupe de compote et incorporez délicatement le reste à la chantilly.

• Chemisez de papier sulfurisé un moule à charlotte de 17 cm de diamètre et versez-y la moitié de la crème à la rhubarbe. Étalez dessus la compote réservée et terminez avec le reste de chantilly. Laissez le bavarois prendre au moins 3 heures au réfrigérateur.

• Préparez le sirop. Fendez la gousse de vanille en deux et grattez les graines. Dans une casserole, faites chauffer 5 cl d'eau avec le sucre et les graines de vanille jusqu'à obtenir un sirop. Laissez refroidir.

• Démoulez le bavarois sur une assiette. Trempez rapidement chaque meringue dans le sirop refroidi et collez-les tout autour du bavarois pour former une charlotte. Réservez au frais jusqu'au moment de servir.

POUR
4 personnes

TIRAMISU BLANC
aux litchis

PRÉPARATION : 15 MIN
CUISSON : 10 MIN
REPOS : 4 H

1 boîte de litchis au sirop (environ 250 g)
250 g de mascarpone
150 g de fromage blanc
70 g de sucre glace

Pour la meringue française
(voir page 4)
1 blanc d'œuf
60 g de sucre en poudre

• Égouttez les litchis au-dessus d'un saladier afin de conserver le sirop. Placez les litchis sur du papier absorbant pour les sécher, puis coupez-les en petits cubes. Réservez.

• Dans un saladier, fouettez le mascarpone avec le fromage blanc. Ajoutez petit à petit le sucre glace et 5 cl du sirop de litchis précédemment mis de côté. Lorsque le mélange est bien onctueux, incorporez les litchis coupés en morceaux.

• Préparez la meringue française (voir recette p. 4). Disposez les deux tiers de la meringue écrasée au fond d'un plat. Recouvrez-la du mélange à base de mascarpone. Parsemez la surface du tiramisu de la meringue restante. Placez au frais au moins 4 heures.

Conseil : Utilisez des meringues roses pour un effet plus coloré.

POUR
6 personnes

CHARLOTTE AUX POMMES
au pain de mie et à la vanille

PRÉPARATION : 25 MIN
CUISSON : 55 MIN

10 pommes
80 g de beurre demi-sel
2 sachets de sucre vanillé
1 pincée de cannelle
10 tranches de pain de mie rassis sans croûte
1 gousse de vanille
30 cl de lait
2 œufs
50 g de sucre en poudre
3 cuill. à soupe de calvados

Quel dommage, vous n'avez plus de boudoirs pour faire votre charlotte... Pas de panique, voici une version au pain perdu tout aussi savoureuse !

• Préchauffez le four à 180 °C (therm. 6). Pelez les pommes et coupez-les en lamelles pas trop fines. Dans une poêle, faites chauffer 50 g de beurre et faites revenir les lamelles de pommes, 1 sachet de sucre vanillé et la cannelle, jusqu'à ce que les pommes soient fondantes et colorées.

• Coupez chaque tranche de pain de mie en deux bandes, puis faites-les revenir à la poêle avec le reste du beurre pendant 2 minutes de chaque côté.

• Fendez la gousse de vanille en deux. Faites bouillir le lait en ajoutant la gousse de vanille et le second sachet de sucre vanillé. Dans un saladier, battez les œufs et le sucre au fouet électrique, puis versez le lait chaud par-dessus tout en continuant à mélanger.

• Trempez les bandes de pain dans le calvados pour les humidifier. Tapissez de papier sulfurisé les bords d'un moule à charlotte rond et garnissez le fond avec les bandes de pain. Remplissez le moule en alternant les couches de pain et les couches de pommes. Terminez par une couche de pommes, puis versez le mélange lait-œufs par-dessus. Enfournez pendant 45 minutes, puis servez la charlotte tiède ou froide

POUR
20 whoopies environ

WHOOPIES
des fées

PRÉPARATION : 30 MIN
CUISSON : 8 MIN

Pour les coques
125 g de beurre mou
150 g de sucre en poudre
3 œufs
200 g de farine
1 cuill. à café de levure chimique
1/2 cuill. à café de bicarbonate de soude
50 g de noix de coco râpée
les zestes de 1 citron vert

Pour la crème à la noix de coco
225 g de mascarpone
7 cl de crème de coco (ou de lait de coco)
70 g de sucre glace
130 g de noix de coco râpée
1 blanc d'œuf

Pour le glaçage
1/2 blanc d'œuf (soit 25 g)
100 g de sucre glace
gouttes de jus de citron vert

• Préparez les coques. Préchauffez le four à 180 °C (therm. 6). Mettez le beurre mou et le sucre dans un saladier et fouettez-les jusqu'à ce que le mélange blanchisse. Incorporez les œufs un à un. Ajoutez la farine, en la tamisant, ainsi que la levure et le bicarbonate. Fouettez le tout au batteur électrique à vitesse moyenne pendant 3 ou 4 minutes jusqu'à ce que la pâte soit lisse et homogène. Ajoutez la noix de coco râpée et les zestes de citron vert.

• Tracez 40 cercles de 3 cm de diamètre, en quinconce et bien espacés, sur du papier sulfurisé – la pâte va s'étaler un peu et gonfler en cuisant. Déposez la feuille de papier sur une plaque de cuisson, puis répartissez la pâte en petits tas bien ronds et réguliers dans les cercles, à l'aide d'une poche à douille ou avec une petite cuillère. Enfournez pour 8 minutes de cuisson, puis sortez les coques du four et laissez-les refroidir.

• Préparez la crème à la noix de coco. Dans un saladier, fouettez le mascarpone et incorporez tout doucement la moitié de la crème de coco. Fouettez pour obtenir un mélange onctueux. Ajoutez le sucre glace et la noix de coco râpée. Versez le reste de la crème de coco. Montez le blanc d'œuf en neige et incorporez-le à la préparation. Mélangez délicatement jusqu'à obtention d'une crème homogène. À l'aide d'une petite cuillère, étalez la crème sur la moitié des coques, puis assemblez celles-ci deux par deux avec les coques restantes.

• Préparez le glaçage. Fouettez un demi-blanc d'œuf et le sucre glace jusqu'à obtenir un mélange lisse et brillant ; ajoutez quelques gouttes de jus de citron vert. Remuez à nouveau. À l'aide d'une petite cuillère, étalez le glaçage sur les whoopies.

POUR
6 à 8 personnes

TERRINE DE BRIOCHE PERDUE
aux abricots

PRÉPARATION : 20 MIN
CUISSON : 20 MIN

3 œufs
50 g de sucre en poudre
10 cl de lait
20 cl de crème fraîche liquide
1 cuill. à soupe de Cointreau
1 cuill. à soupe d'extrait naturel de vanille
13 fines tranches de brioche rassie
40 g de beurre
10 abricots frais bien mûrs ou secs (selon la saison)
1 cuill. à soupe d'amandes effilées

• Préchauffez le four à 180 °C (therm. 6). Tapissez un moule à cake avec une feuille de papier sulfurisé.

• Dans un saladier, à l'aide d'un fouet, battez les œufs et le sucre. Incorporez petit à petit le lait et la crème fraîche. Ajoutez ensuite le Cointreau et l'extrait naturel de vanille. Trempez les tranches de brioche dans la préparation 1 minute de chaque côté.

• Faites chauffer le beurre dans une poêle, puis faites dorer les tranches de brioche imbibées 1 ou 2 minutes de chaque côté.

• Coupez les abricots en rondelles. Déposez les tranches de brioche au fur et à mesure dans la terrine, à la verticale, en y intercalant les rondelles d'abricots. Versez le restant de crème aux œufs par-dessus et saupoudrez d'amandes effilées. Enfournez pour 15 minutes et servez tiède.

Voici une recette pour recycler la brioche rassie en un délicieux goûter ludique.

PETITES MERINGUES
pistache-framboise façon cupcakes

POUR
6 personnes

PRÉPARATION : 35 MIN
CUISSON : 5 H

200 g de framboises

Pour la chantilly à la pistache
35 cl de crème liquide très froide
20 g de sucre en poudre
1 sachet de fixe-chantilly
1 cuill. à soupe de pâte de pistache (dans les magasins spécialisés ou sur Internet)

Pour la meringue suisse
(voir page 4)
4 blancs d'œufs
200 g de sucre en poudre

- Préchauffez le four à 100 °C (therm. 3-4).
- Préparez la meringue suisse (voir recette p. 4). Mélangez rapidement les blancs d'œufs et le sucre dans un saladier en métal. Placez celui-ci dans un bain-marie et continuez de fouetter au batteur électrique jusqu'à obtenir une meringue tiède et bien brillante. Retirez le saladier de la casserole et continuez à fouetter jusqu'à ce que la meringue refroidisse et devienne bien serrée et lisse.
- Remplissez de meringue six moules à muffins en silicone et enfournez pour 5 heures environ. À la fin de la cuisson, laissez les meringues refroidir dans le four éteint, porte entrouverte.
- Juste avant de servir, préparez la chantilly. Fouettez la crème liquide en ajoutant, dès qu'elle commence à prendre, le sucre, le fixe-chantilly et la pâte de pistache.
- À l'aide d'une poche à douille cannelée, déposez un nuage de chantilly à la pistache sur chaque meringue. Répartissez les framboises dessus et dégustez sans attendre.

POUR
15 macarons environ

MACARONS
poire, miel et nougatine

PRÉPARATION : 30 MIN
RÉFRIGÉRATION : 12 H + 1 H
SÉCHAGE DES COQUES : 1 H
CUISSON : 20 À 30 MIN ENVIRON

Pour les coques
2 blancs d'œufs
(soit 60 g)
à température ambiante
60 g d'amandes en poudre
110 g de sucre glace
20 g de sucre en poudre
20 g de pépites de nougatine

Pour la confiture de poires
3 petites poires
30 g de sucre en poudre
1 cuill. à soupe de miel
10 g de gélifiant
pour confitures

• La veille, cassez les œufs et réservez les blancs au frais.

• Le lendemain, préparez la confiture de poires. Pelez les poires, puis détaillez-les en petits cubes. Mettez ceux-ci dans une casserole avec le sucre, le miel et 2 cuillerées à soupe d'eau. Laissez cuire 10 minutes, jusqu'à ce que les fruits soient bien compotés. Mixez finement le tout à l'aide d'un blender, puis remettez la compote de poires dans la casserole et ajoutez le gélifiant. Faites cuire de nouveau 2 ou 3 minutes et laissez refroidir. Réservez au frais.

• Préparez les coques. Préchauffez le four à 150 °C (therm. 5). Mixez très finement les amandes en poudre et le sucre glace. Tamisez ce mélange directement sur la plaque du four, puis enfournez pour 5 à 7 minutes. Laissez refroidir.

• Dans un saladier, fouettez en neige les blancs d'œufs réservés la veille. Lorsqu'ils commencent à être fermes, ajoutez le sucre petit à petit, tout en continuant de battre. Tamisez le mélange amandes-sucre glace sur les blancs d'œufs et incorporez-le à l'aide d'une spatule. Garnissez-en une poche à douille lisse, puis dressez 30 petites boules sur du papier sulfurisé posé sur une plaque. Laissez les coques reposer au moins 1 heure dans un endroit sec jusqu'à ce qu'elles forment une croûte en surface. Parsemez-les de pépites de nougatine, puis enfournez-les de 10 à 12 minutes. Décollez-les de la plaque et laissez-les refroidir.

• Garnissez la moitié des coques de confiture de poires, puis recouvrez-les avec les autres coques pour former les macarons. Réservez ceux-ci au frais pendant 1 heure avant de les déguster.

POUR
10 à 12 pancakes

PANCAKES
aux pralines roses

PRÉPARATION : 15 MIN
REPOS : 3 MIN PAR PANCAKE
CUISSON : 35 MIN

30 pralines roses
(environ 150 g)
2 œufs
25 cl de lait
4 cuill. à soupe
de beurre fondu
+ 20 g pour la cuisson
200 g de farine
10 g de levure chimique
1 cuill. à soupe
de sucre en poudre
1 pincée de sel
2 cuill. à soupe d'eau de rose

• À l'aide d'un rouleau à pâtisserie, écrasez les pralines roses. Réservez.

• Dans un saladier, battez les œufs avec le lait. Ajoutez le beurre fondu. Dans un autre saladier, mélangez la farine, la levure, le sucre et le sel, puis incorporez-y petit à petit le mélange œufs, lait et beurre. Fouettez le tout jusqu'à avoir une pâte lisse et homogène. Ajoutez l'eau de rose et les pralines concassées (gardez-en quelques-unes pour la décoration). Remuez à nouveau.

• Beurrez légèrement une poêle à pancakes et faites-la chauffer. Versez une petite louche de pâte dans la poêle sur une épaisseur d'environ 0,5 cm. Faites cuire à feu doux jusqu'à ce que des bulles se forment à la surface, puis, à l'aide d'une spatule, retournez le pancake. Laissez cuire 1 minute de plus. Empilez les pancakes les uns sur les autres et gardez-les au chaud.

• Arrosez généreusement ces pancakes de sirop de rose et saupoudrez-les de quelques éclats de praline.

Voici un pancake très « girly » à arroser de sirop de rose ou à servir accompagné d'une gelée de pétales de rose... Très raffiné !

TATIN DE MYRTILLES

POUR
4 tartelettes

PRÉPARATION : 20 MIN
CUISSON : 30 MIN

250 g de myrtilles
1 rouleau de pâte feuilletée pré-étalée

Pour le caramel
80 g de sucre en poudre
1 sachet de sucre vanillé (7,5 g)
1 cuill. à soupe d'eau

Pour l'accompagnement
1 yaourt nature
75 g de fromage blanc
2 cuill. à soupe de sucre en poudre
1 gousse de vanille

- Préchauffez le four à 180 °C (therm. 6). Lavez et séchez les myrtilles.

- Préparez le caramel : dans une casserole, faites fondre les deux sucres avec l'eau, puis laissez cuire à feu doux jusqu'à ce que le caramel devienne blond.

- Versez le caramel dans 4 moules à tartelette sans fond amovible. Répartissez les myrtilles par-dessus. Découpez 4 disques dans la pâte feuilletée dépassant de 1 cm du bord du moule à tartelette. Déposez les disques de pâte sur les myrtilles en prenant soin de bien glisser la pâte contre le bord des moules. Enfournez pour 30 minutes. À la sortie du four, laissez refroidir les tartelettes de 5 à 10 minutes et démoulez-les rapidement sur une assiette. Servez les tartelettes tièdes ou froides.

- Pour accompagner ces douceurs, vous pouvez réaliser une petite sauce : mélangez le yaourt et le fromage blanc avec le sucre. Fendez la gousse de vanille en deux, dans le sens de la longueur, et grattez-en l'intérieur à l'aide d'un couteau pointu. Ajoutez les graines de vanille à cette préparation et servez avec les tartelettes.

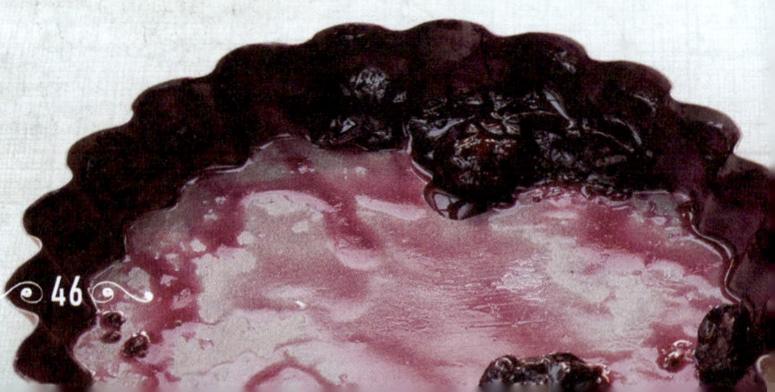

PETITES TARTES
au citron meringuées

POUR
12 tartelettes

PRÉPARATION : 30 MIN
REPOS : 3 H 20
CUISSON : 20 MIN

Pour les petits-beurre
(voir page 6)
50 g de sucre cristal
50 g de beurre demi-sel
3,5 cl d'eau
1/2 pincée de sel
125 g de farine
1 cuill. à café
de levure chimique

Pour le lemon curd
le jus de 4 citrons
100 g de cassonade
3 œufs
1 cuill. à soupe bombée
de fécule de maïs

Pour la meringue française
4 blancs d'œufs
200 g de sucre en poudre

- Préparez les petits-beurre (voir recette p. 6).

- Préparez le lemon curd. Dans une casserole, mélangez le jus de citron, la cassonade et les œufs. Délayez la fécule avec un peu d'eau et ajoutez-la au mélange précédent. Faites chauffer à feu doux et fouettez jusqu'à ce que le mélange épaississe. Réservez au frais.

- Préparez la meringue française (voir recette p. 4). Fouettez les blancs d'œufs. Lorsqu'ils sont bien fermes, ajoutez le sucre petit à petit et fouettez pour avoir une préparation lisse et brillante.

- Déposez 1 cuillerée à soupe de lemon curd sur chaque petit-beurre. Remplissez une poche à douille cannelée avec la meringue et déposez-la en spirales sur le lemon curd. Faites-la dorer avec un chalumeau de cuisine ou passez les tartelettes rapidement sous le gril du four.

POUR
6 personnes

PRÉPARATION : 25 MIN
CUISSON : 45 MIN
REPOS : 12 H 35

75 g de raisins secs
10 cl de rhum ambré
75 g de fruits confits
1 gousse de vanille
50 cl de lait
1 sachet de sucre vanillé
1 cuill. à café de cannelle en poudre
3 œufs
150 g de sucre en poudre
10 tranches de pain de mie brioché rassis
50 g de beurre doux

DIPLOMATE

• Préchauffez le four à 180 °C (therm. 6).

• Faites tremper les raisins secs dans un peu d'eau chaude pendant 5 minutes, puis égouttez-les et faites-les macérer pendant 20 minutes dans un bol avec la moitié du rhum. Coupez les fruits confits en tout petits morceaux et mettez-les dans un second bol avec le reste de rhum. Laissez macérer 20 minutes.

• Fendez la gousse de vanille en deux. Dans une casserole, portez le lait à ébullition et ajoutez la gousse de vanille, le sucre vanillé et la cannelle. Dans un saladier, battez les œufs et le sucre au fouet électrique, puis versez le lait chaud par-dessus tout en continuant de battre le mélange.

• Faites griller les tranches de pain brioché au grille-pain, coupez-les en bandes, puis placez-les dans un moule à cake beurré. Intercalez les couches de pain, les fruits confits et les raisins secs. Versez une louche du mélange lait-œufs, mettez une dernière couche de pain, puis versez le reste du mélange lait-œufs par-dessus.

• Laissez reposer 15 minutes à température ambiante, puis enfournez pour 40 à 45 minutes. Laissez refroidir le plat avant de le mettre au réfrigérateur pendant 12 heures. Dégustez avec un thé ou un lait fraise le lendemain !

N'hésitez pas à remplacer le rhum par de la liqueur Grand-Marnier et les fruits confits par des fruits frais ou de l'angélique.

POUR
8 personnes

CHEESECAKE
aux fruits de la Passion

PRÉPARATION : 30 MIN
CUISSON : 15 MIN
+ 50 MIN DANS LE FOUR ÉTEINT
RÉFRIGÉRATION : 4 H AU MOINS

8 fruits de la Passion
600 g de fromage frais à tartiner ou de carrés de fromage demi-sel
250 g de lait concentré sucré
4 œufs
25 g de farine
2 blancs d'œufs
10 cl de jus d'orange
4 cuill. à soupe de sucre en poudre
1 cuill. à café de fécule de maïs

Pour le fond
250 g de biscuits sablés (type Digestive, spéculoos, sablés bretons...)
60 g de beurre

• Préparez le fond du cheesecake. Placez les biscuits dans un sachet en plastique et écrasez-les à l'aide d'un rouleau à pâtisserie. Faites fondre le beurre au micro-ondes. Versez les miettes de biscuit dans un saladier, ajoutez le beurre fondu et mélangez. Garnissez 8 cercles à pâtisserie de 10 cm de diamètre d'un disque de papier sulfurisé. Répartissez le fond de biscuits et tassez-le sur une épaisseur de 1 à 1,5 cm.

• Préchauffez le four à 200 °C (therm. 6-7).

• Versez la pulpe et le jus des fruits de la Passion dans une passoire posée sur un bol. Pressez la pulpe contre la passoire afin d'extraire le plus de jus possible. Gardez quelques graines.

• Dans un saladier, mélangez le fromage frais et le lait concentré. Ajoutez les 4 œufs entiers, la farine ainsi que la moitié du jus des fruits de la Passion et mélangez. Battez les 2 blancs d'œufs en neige ferme et incorporez-les délicatement à la préparation.

• Versez la garniture sur le fond de pâte et enfournez pour 10 minutes. Éteignez le four, couvrez le cheesecake d'une feuille d'aluminium et laissez-le refroidir dans le four pendant 50 minutes environ. Placez-le ensuite au frais pour au moins 4 heures.

• Versez le jus d'orange, le sucre et le reste de jus des fruits de la Passion dans une casserole. Portez à ébullition, baissez le feu et laissez cuire 5 minutes. Mélangez la fécule avec 1 cuillerée à soupe d'eau froide et ajoutez-la au coulis. Poursuivez la cuisson 2 minutes jusqu'à épaississement. Hors du feu, ajoutez les graines réservées et laissez refroidir. Servez le cheesecake arrosé de coulis.

POUR
15 mini-financiers environ

PRÉPARATION : 20 MIN
CUISSON : 15 MIN

50 g de beurre mou
2 blancs d'œufs
50 g de sucre en poudre
20 g de farine
30 g d'amandes en poudre
30 bonbons fraises environ

THÉ GOURMAND

Mini-financiers aux bonbons fraises

• Sortez le beurre à température ambiante. Préchauffez le four à 180 °C (therm. 6).

• Dans un saladier, battez très brièvement à l'aide d'un fouet les blancs d'œufs pour qu'ils moussent légèrement. Ajoutez le sucre, puis la farine, les amandes en poudre et le beurre mou. Mélangez à nouveau.

• Découpez les bonbons fraises en très petits morceaux et incorporez-les à la pâte. Répartissez la préparation dans des mini-moules à financier, puis enfournez et faites cuire pendant 15 minutes.

• Laissez refroidir avant de déguster.

POUR
1 l de glace environ

PRÉPARATION : 15 MIN
CUISSON : 15 MIN
RÉFRIGÉRATION : 1 H
TEMPS EN SORBETIÈRE : 20 MIN
OU CONGÉLATION : 3 H

25 cl de lait
10 cl de crème liquide
40 bonbons fraises

Glace légère aux bonbons fraises

• Faites chauffer le lait et la crème liquide dans une casserole. Ajoutez les bonbons fraises et laissez chauffer tout doucement jusqu'à ce qu'ils soient complètement fondus. Laissez reposer 1 heures au frais.

• Si vous possédez une sorbetière, mettez la glace à turbiner pendant 20 minutes. Sinon, versez la préparation dans un récipient allant au congélateur et laissez-la prendre pendant au moins 3 heures en remuant toutes les 30 minutes avec une cuillère, jusqu'à ce que la glace soit bien prise.

POUR
15 gâteaux croustillants

Mini-gâteaux croustillants aux marshmallows

PRÉPARATION : 15 MIN

1 ou 2 tablettes
de chocolat noir
15 marshmallows

Pour les mini-petits-beurre
(voir page 6)
100 g de sucre cristal
100 g de beurre demi-sel
7 cl d'eau
1 pincée de sel
250 g de farine
2 cuill. à café
de levure chimique

• Préparez les petits-beurre (voir recette p. 6).

• Disposez la moitié des petits-beurre sur un plan de travail. Sur chacun, mettez 2 carrés de chocolat. Avec un chalumeau, en faisant bien attention, faites fondre légèrement les carrés de chocolat.

• Ajoutez 1 marshmallow par-dessus et faites fondre également légèrement le haut du marshmallow. Refermez chaque mini-gâteau en le recouvrant par un petit-beurre.

• Servez ces mignardises avec un thé parfumé au jasmin.

POUR
4 petits puddings

PUDDING AUX FRAMBOISES
et aux myrtilles

PRÉPARATION : 10 MIN
CUISSON : 5 MIN
REPOS : 12 H

200 g de framboises fraîches ou surgelées
200 g de myrtilles fraîches ou surgelées
le zeste de 1/2 citron
80 g de sucre en poudre
16 tranches de pain de mie anglais rassis, sans croûte
30 g de sucre glace
4 cuill. à soupe de crème fraîche épaisse

• Préparez le coulis de fruits rouges : mélangez les framboises et les myrtilles dans un bol avec le zeste de citron et le sucre. Écrasez le tout à la fourchette pour obtenir le plus de jus possible.

• Avec un emporte-pièce, coupez 16 cercles correspondant au diamètre de petits moules à charlotte dans les tranches de pain. Faites-les légèrement griller au grille-pain.

• Dans chaque fond de moule, déposez un cercle de papier sulfurisé pour que le pudding n'attache pas au moment de le retourner et de le servir.

• Trempez chaque tranche de pain dans le coulis de fruits rouges, puis, dans chaque moule, alternez une tranche de pain de mie et quelques cuillerées à soupe de coulis jusqu'à épuisement des ingrédients. Terminez par une tranche de pain et ajoutez un second cercle de papier sulfurisé. Filmez les moules à charlotte.

• Placez les moules au réfrigérateur et posez par-dessus une petite soucoupe avec un pot de confiture pour faire du poids. Laissez reposer pendant 12 heures.

• Enlevez le film et démoulez les puddings dans des assiettes à dessert, saupoudrez de sucre glace avec un tamis et servez avec une belle cuillerée de crème fraîche épaisse !

Une recette rapide, à réaliser en été avec des fruits frais écrasés, pour déguster un succulent petit pudding !

POUR
8 religieuses

PRÉPARATION : 45 MIN
CUISSON : 30 MIN

30 cl de lait
1 œuf + 1 jaune d'œuf
70 g de sucre en poudre
30 g de fécule de maïs
10 cl de crème liquide entière
1 cuill. à soupe de pâte de pistache
1 cuill. à soupe de lemon curd
1 cuill. à soupe de confiture de framboises

Pour le décor
60 g de beurre mou
75 g de sucre glace
quelques gouttes de colorants jaune, vert et rouge

Pour la pâte à choux
(voir page 8)
20 cl d'eau • 3 g de sel
6 g de sucre • 60 g de beurre
120 g de farine tamisée
4 œufs battus

RELIGIEUSES TRICOLORES

• Préchauffez le four à 180 °C (therm. 6).

• Préparez la pâte à choux (voir recette p. 8). Sur une plaque à four, déposez 8 boules de 4 cm de diamètre, 8 boules de 2 cm de diamètre et 8 encore plus petites, à l'aide d'une poche à douille. Enfournez pour 25 minutes de cuisson, sauf les plus petits choux qu'il faut sortir après 17 à 19 minutes. Laissez refroidir tous les choux sur une grille.

• Préparez les garnitures. Dans une casserole, portez le lait à ébullition. Dans un saladier, fouettez l'œuf et le jaune avec le sucre jusqu'à ce que le mélange blanchisse. Incorporez la fécule, puis le lait bouillant au fouet. Transvasez le tout dans la casserole, puis faites cuire 3 ou 4 minutes à feu moyen en fouettant. Versez la crème pâtissière dans un récipient, couvrez de film alimentaire et laissez refroidir. Fouettez la crème liquide en chantilly. Incorporez-la à la crème pâtissière. Mélangez la moitié de la préparation avec la pâte de pistache, un quart avec le lemon curd et le dernier quart avec la confiture de framboises.

• À l'aide d'un couteau pointu, faites un trou dans le fond de chaque chou. Garnissez les gros choux de crème à la pistache, les moyens de crème au lemon curd et les petits de crème à la framboise.

• Préparez le décor. Mélangez le beurre avec le sucre glace. Divisez la préparation en trois et colorez chaque tiers avec un colorant différent. Remplissez-en 3 poches à petites douilles.

• Montez les religieuses en soudant 3 choux différents avec un peu de beurre au sucre, puis décorez-les avec les beurres colorés. Placez les religieuses au frais jusqu'au moment de servir.

POUR
6 à 8 cupcakes

PRÉPARATION : 35 MIN
CUISSON : 20 MIN

150 g de carottes
3 œufs
30 g de cassonade
70 g de farine
1 sachet de levure chimique
100 g de noisettes en poudre
1 c. à café de cannelle
1 c. à café de gingembre en poudre
10 cl d'huile végétale
50 g de noisettes concassées

Pour le topping
150 g de fromage frais (type Philadelphia®)
le zeste et le jus de 1 orange bio
15 cl de crème fraîche liquide entière très froide
30 g de sucre en poudre
vermicelles colorés

CARROT CUPCAKES

• Préchauffez le four à 180 °C (therm. 6).

• Épluchez les carottes et râpez-les. Dans un saladier, fouettez les œufs avec la cassonade. Incorporez la farine, la levure, les noisettes en poudre, les épices et l'huile. Ajoutez les noisettes concassées et les carottes râpées. Remplissez les moules aux trois quarts avec la pâte.

• Enfournez pour 20 minutes, puis laissez les gâteaux refroidir.

• Préparez le topping. Dans un saladier, assouplissez le fromage frais à la spatule, puis ajoutez le zeste et le jus d'orange.

• À l'aide d'un batteur, fouettez la crème liquide en chantilly légère, puis ajoutez le sucre en pluie tout en battant, jusqu'à obtenir une chantilly ferme. Incorporez-la délicatement au fromage parfumé. Remplissez-en une poche à douille, puis déposez une volute de crème sur les cupcakes. Parsemez de vermicelles.

Les carrot cupcakes sont encore meilleurs préparés la veille.

MUFFINS
au chocolat blanc et aux framboises

POUR
8 à 10 muffins

PRÉPARATION : 15 MIN
CUISSON : 20 MIN ENVIRON

100 g de beurre
250 g de farine semi-complète
2 cuill. à café de levure chimique
100 g de sucre en poudre
1 cuill. à café de sel fin
3 œufs
10 cl de crème liquide
100 g de pépites de chocolat blanc
150 g de framboises

- Préchauffez le four à 180 °C (therm. 6).
- Dans une petite casserole à feu moyen, faites fondre le beurre.
- Dans un saladier, mélangez la farine, la levure, le sucre en poudre et le sel.
- Dans un bol, battez les œufs avec la crème liquide et le beurre fondu, puis ajoutez les pépites de chocolat blanc.
- Versez la préparation dans le saladier, puis incorporez doucement la moitié des framboises.
- Beurrez et farinez des moules à muffins (sauf s'ils sont en silicone). Remplissez-les aux trois quarts, disposez le reste des framboises sur le dessus, puis enfournez pour 20 minutes environ.

POUR
12 sandwichs

PETITS-BEURRE
à la mousse de groseilles

CUISSON : 12 MIN
RÉFRIGÉRATION : 2 H

150 g de groseilles
25 cl de crème fraîche liquide
3 feuilles de gélatine
50 g de sucre en poudre

Pour les petits-beurre
(voir page 6)
100 g de sucre cristal
100 g de beurre demi-sel
7 cl d'eau
1 pincée de sel
250 g de farine
2 cuill. à café
de levure chimique

• Lavez et séchez les groseilles, puis mixez-les avec 5 cl de crème liquide. Faites tremper la gélatine dans de l'eau froide.

• Ajoutez le sucre à la crème à la groseille, puis laissez tiédir. Incorporez la gélatine ramollie et égouttée.

• Fouettez la crème liquide restante en chantilly bien ferme. Incorporez-la délicatement à la préparation à la groseille.

• Chemisez un moule de 20 cm de côté environ avec du papier sulfurisé et versez la préparation à la groseille sur une épaisseur de 1,5 cm environ. Lissez le dessus.

• Laissez prendre 2 heures au frais.

• Pendant ce temps, préparez 25 petits-beurre (voir recette p. 6).

• Découpez la mousse en 12 morceaux de la taille des petits-beurre et glissez-les entre 2 biscuits. Dégustez.

PÂTE À TARTINER
au chocolat blanc

POUR
1 pot de 350 g

PRÉPARATION : 10 MIN
CUISSON : 10 MIN

200 g de chocolat blanc
15 cl de lait concentré sucré
5 cl de crème liquide

• Coupez le chocolat blanc en morceaux. Mettez-le dans un saladier en verre placé sur un bain-marie. Dès que le chocolat commence à fondre, ajoutez le lait concentré et la crème liquide. Remuez afin de rendre la consistance homogène.

• Une fois que le chocolat a fondu et que la préparation est lisse, versez la pâte dans un pot. Laissez refroidir à température ambiante et dégustez.

Étalez cette pâte sur du pain, des crêpes ou bien des muffins. Idéal pour le goûter des enfants... ou des grands ! Elle se conservera au réfrigérateur pendant 7 jours.

GÂTEAU DE MERINGUE
aux pêches, chantilly au thé

POUR
4 personnes

PRÉPARATION : 35 MIN
CUISSON : 4 H

5 pêches jaunes bien mûres
le jus de 1 citron

Pour la meringue française
(voir page 4)
4 blancs d'œufs
275 g de sucre en poudre

Pour la chantilly au thé
30 cl de crème liquide froide
35 g de sucre en poudre
2 cuill. à café de thé Earl Grey
en poudre fine

• Préchauffez le four à 100 °C (therm. 3-4). Préparez la meringue française (voir recette p. 4). Dans un saladier, fouettez les blancs d'œufs en neige ferme au batteur électrique, puis ajoutez le sucre petit à petit jusqu'à obtenir une meringue lisse et brillante.

• Recouvrez une plaque à pâtisserie de papier sulfurisé et tracez 2 cercles de 20 cm de diamètre environ. À l'aide d'une poche à douille lisse, dressez des disques de meringue à l'intérieur des cercles en formant une spirale à partir du centre. Enfournez pour 4 heures. À la fin de la cuisson, laissez les meringues refroidir dans le four éteint, porte entrouverte.

• Lavez les pêches, détaillez-les en très fines tranches et arrosez-les de jus de citron. Préparez la chantilly au thé. Fouettez la crème liquide au batteur électrique. Dès qu'elle commence à prendre, incorporez le sucre et le thé en poudre jusqu'à ce que la chantilly soit ferme et lisse. Remplissez-en une poche à petite douille.

• Disposez les tranches de pêches en rosace sur chaque disque de meringue. Garnissez l'un des disques avec la chantilly au thé. Recouvrez avec l'autre disque et réservez au frais jusqu'au moment de servir.

Pour que la chantilly si originale qui garnit ce gâteau ait une texture agréable, choisissez un thé en poudre très fine. Si vous n'en avez pas, passez votre thé au mixeur. Variez les parfums en utilisant différents types de thé : Darjeeling, Ceylan ou encore un thé noir parfumé.

TABLE DES ÉQUIVALENCES FRANCE – CANADA

POIDS

55 g	2 onces	200 g	7 onces	500 g	17 onces
100 g	3,5 onces	250 g	9 onces	750 g	26 onces
150 g	5 onces	300 g	10 onces	1 kg	35 onces

Ces équivalences permettent de calculer le poids à quelques grammes près (en réalité, 1 once = 28 g).

CAPACITÉS

5 cl	2 onces	15 cl	5 onces	25 cl	9 onces	75 cl	26 onces
10 cl	3,5 onces	20 cl	7 onces	50 cl	17 onces	1 l	35 onces

Pour faciliter la mesure des capacités, une tasse équivaut ici à 25 cl (en réalité, 1 tasse = 8 onces = 23 cl).

Crédits photographiques :
© Caroline Faccioli (stylisme Corinne Jausserand) : p. gardes, 2 bas, 13, 17, 19-22, 32-33, 36-37, 45, 53 et 69.
© Nathalie Carnet (stylisme Camille Antoine) : p. 2 haut, 25-27, 35, 39, 51 et 59.
© Fabrice Besse (stylisme Bérengère Abraham) : p. 3 haut, 7, 46-48, 55-57 et 66-67.
© Valérie Lhomme (stylisme Bérengère Abraham) : p. 3 milieu, 11 et 63.
© Pierre-Louis Viel (stylisme Valéry Drouet) : p. 3 bas et 60-61.
© Marie-José Jarry (stylisme Bérengère Abraham) : p.5, 9, 29, 31, 40-41, 43 et 71.
© Nathalie Carnet (stylisme Sacha Maris) : p. 14 et 65.

Direction de la publication : **Isabelle Jeuge-Maynart et Ghislaine Stora**
Direction éditoriale : **Agnès Busière**
Édition : **Marion Pipart**
Conception graphique et couverture : **Claire Morel Fatio**
Mise en page & adaptation : **Alice SurleGâteau**

Les Éditions Larousse utilisent des papiers composés de fibres naturelles, renouvelables, recyclables et fabriquées à partir de bois issus de forêts qui adoptent un système d'aménagement durable. En outre, les Éditions Larousse attendent de leurs fournisseurs de papier qu'ils s'inscrivent dans une démarche de certification environnementale reconnue.

Photogravure IGS-CP, L'Isle d'Espagnac (16)
Imprimé en Espagne par Gráficas Estella, Estella
Dépôt légal : janvier 2014
313832 – 11026035 – novembre 2013

ISBN 978-2-03-589769-5